受戒50問

學佛入門 Q&A

法鼓文化編輯部 編著

〈導讀〉

有了戒律，就有自由

很多人以為「戒」就等於「限制」、「不自由」，擔心受了戒會做不到、做不好，或是擔心犯戒會受報應，而遲遲不敢受戒。然而，不受戒，生活就不受限制嗎？人生就眞的自由嗎？

古希臘哲學家畢達哥拉斯曾說：「不能制約自己的人，不能稱為自由的人。」蘇格拉底也認為：「眞正自由的人，是明白自己自由權利和自由目的的人。從事善，就是自由；反之，就是沒有自由。」

戒，如同人生的交通號誌，幫助我們避危難、行正道

其實，「戒」很簡單，是我們把它想得太複雜。聖嚴師父曾對「戒」的定義做了清楚說明：「戒的定義既是應做的必須做，不應做的不得做。」

出門在外時，我們以紅綠燈做爲通行與否的辨識。如果路上沒有紅綠燈，可想而知，交通將會如何混亂，可能隨時發生交通事故。人生中如果沒有「戒」可依循，不知道什麼該做，什麼不應該做，就像活在沒有交通號誌的城市中，毫無章法地恣意而行，看起來好像十分自由，實際上卻是盲目行事，讓自己陷入險境而不自知。

戒，能讓我們自由自在地生活

「戒」不是限制生活，「戒」是將生活導向規律，讓我們身心清淨、

自由自在地生活，並且清楚引導有所爲、有所不爲的持守。「戒」可說是一種人人應有的生活美德，能幫助人防非止惡、衆善奉行，這也就是佛陀制戒的用意。

《華嚴經》有言：「戒是無上菩提本。」身而爲人，我們帶著累世以來的習氣；學佛之後，應該信因果、明因緣，遵循佛陀的教誨，了解身爲佛弟子受戒、學戒、持戒的重要。如果自認爲是佛教徒，卻不願相信佛陀所說之法，不願持守戒律，並不能稱爲眞佛子。

因此，聖嚴師父曾開示：「佛教的根本精神，即在於戒律的尊嚴，即在於佛教弟子們對於戒律的尊重與遵守；所以，凡爲佛子，不論在家，或者出家，一進佛門的第一件大事，便是受戒。否則，即使自稱信佛學佛，也是不爲佛教之所承認的。換句話說，那是一個門外漢。」

受戒、學戒、持戒，才能成為真正的佛弟子

「戒」能讓我們的身心清淨，擔心犯戒而不受戒，是因爲不了解「戒」的意義與目的。然而，如何維持身心清淨？第一件事就是必須發現與面對讓自己不清淨的煩惱。有了戒律，能讓我們時時提起覺照、化解煩惱；即使不小心犯了戒，只要眞心求懺悔，生命就能一次又一次地去蕪存菁，身心也就自然而然地愈來愈清淨、愈來愈自由。

如同聖嚴師父所說：「如果受而不學，那是懈怠愚癡；如果學而不持，那是說食數寶。」無論是想要釐清什麼是受戒、學戒、持戒，或是想要建立對於戒律的正確認識，《受戒50問》一書，都能提供精確而實用的協助。第一單元「受戒做佛子」正確認識受戒的意義與目的；第二單元「學戒有方法」幫助我們掌握學戒的內容；第三單元「持戒意堅定」介紹持戒的方法，體驗聖嚴師父所言「戒律是佛子生活中唯一的防腐劑」；第四單元「守

護清淨心」可化解對於戒法的相關疑問。

我們從小到大，或多或少都受到許多規矩限制。父母的家教、學校的校規、公司的制度、社會的規範……，不同角色、不同場域都有不同的限制。《華嚴經》說「一切唯心造」，如果我們覺得受戒是一種限制，那麼永遠都會受到限制；如果，我們將限制視爲一種光明的人生方向，能爲我們指引出一條正確的道路，自由自在而行；那麼，這個限制將成爲前進的動力，限制也就不再是限制了。

最後，僅以聖嚴師父的開示與大家共勉：「戒的功能在清淨與精進；律的作用在和樂與無諍。這不正是我們今日世界每一個家庭及社會所需要的嗎？」

釋果慨

法鼓山弘化發展專案
總召集人

目次

受戒做佛子

2 學戒有方法

4

守護清淨心

受戒做佛子

Question

01

爲什麼要受戒？

有的人一聽到「戒」字，就感到緊張，以爲會被很多教條拘束，認爲不受戒還沒事，一旦受戒，可能在生活中，發現做這也不能、做那也不行，行動無法自由自在。因此，希望只學佛，不受戒。

學佛的保護網

其實這是誤解了戒的意義，以及不了解受戒的功能與內容。佛教的戒律，並非要人什麼都不要說、什麼都不要做，而是提醒不要做傷害自己與別人的事，目的在於保護我們自己與他人。例如，五戒中的不殺生、不偷盜、不邪淫、不妄語等四個戒，都是做人的基本原則，至於不飲酒戒，則是爲了保護我們不因飲酒而亂性。因此，五戒、菩薩戒都是學佛的保護網，讓我們能安心學佛，知慚愧、常

（李宛蓁　攝）

懺悔，隨時調整，不斷提昇生命的品質。

受戒，即表示願意接受佛的教導，願意學習佛法的智慧，願意讓明師成為自己修行的明燈，歡喜成為眞正的佛教徒。

在皈依典禮受三皈依時，通常會同時受五戒，五戒不但是佛教徒的五個基本生活原則，也是所有佛教戒律的根本。我們學佛要從何學起？就是從學佛陀的身、口、意開始，修行就是在生活中改過遷善，就是在修正我們的行為。透過持戒，能讓我們的個性和言行舉止，更加沉穩、安定，不但能提昇個人人品，也能帶給人親和力與安定力。

身心平安少煩惱

持戒的功能，不但能從外在保護生活平安，也能調伏、轉化我們內在的煩惱。

由於煩惱往往來自於一時的貪心、生氣或迷戀等情緒，內心如雲蔽日，此時，戒律則能提醒我們轉回正軌，就如撥雲見日，引導我們不迷失方向。例如以前可能未留意「出口傷人」，受戒後會想到「不惡口」，不一時口快而損人、傷人，甚至要學習慈悲語、柔軟語，如此既增長了智慧力，也培養了慈悲心。

佛教的戒律，不只是「諸惡莫做」，更有積極的「眾善奉行」，以達到身心清淨的「自淨其意」，並實踐自利利他的菩薩道。受戒、學戒、持戒，不但能讓我們「做好事、說好話、轉好運」，更能讓我們學佛成佛！

Question

02

受戒有何好處？

佛教中所謂的三無漏學：戒、定、慧，即強調要以戒爲基礎，受戒、持戒首先感受到的好處，即是安心。因爲不做損人不利己的事，而是做著保護自己、保護他人的行爲時，心中自然無慚、無愧，坦蕩心安，當心安了，人也自然安定，對內心、環境的觀照力更強，智慧自然生起。能夠如此在生活當中運用，必然會是個快樂而有智慧的人。

佛法說，世間是娑婆世界，是一個讓人尚能夠忍受苦惱的堪忍世界，而且世間的本質就是苦；雖然人間是苦的，但在五道中，卻只有人能行善修福，能受戒得戒。因爲唯有人有記憶力、思考力，能修清淨梵行，並有意志可自我節制，而不斷精進向上。

持戒的功德

持戒清淨者，不只眾人景仰，諸佛菩薩與護法龍天也會護念。如同《戒香經》所說：「世有眾香，惟隨風能聞，不能普聞。若持佛淨戒，行諸善法，如是戒香，遍聞千方，咸皆稱讚，諸魔遠離。」

對一般人來說，持戒具有《長阿含經》所說的五種功德：

1. 所求如願。
2. 財產增益無損。
3. 所住之處，人愛敬。
4. 好名善譽，周聞天下。
5. 身壞命終，必生天上。

（李宛蓁　攝）

持戒的利益

而對有志修行者來說，持戒則具有十種利益：

1. 滿足智願：能持禁戒，則身心清淨，慧性明了，一切智行、一切誓願，無不滿足。

2. 如佛所學：佛初修道時，以戒爲本，而得證果，能堅持淨戒，是亦如佛之所學。

3. 智者不毀：戒行清淨，身口無過，凡有智之人，喜樂讚歎，而不毀呰。

4. 不退誓願：堅持淨戒，求證菩提，誓願弘深，勇猛精進，而不退轉。

5. 安住正行：堅持戒律，則身、口、意業皆清淨，正行安住而不捨。

6. 棄捨生死：受持淨戒，則無殺、盜、淫、妄等業，而能出離生死，永脫輪迴之苦。

7. 慕樂涅槃：堅持戒律，絕諸妄想，故能厭惡生死之苦，而欣慕涅槃之樂。

8.得無纏心：戒德圓明，心體光潔，一切煩惱業緣，悉皆解脫，而無纏縛之患。

9.得勝三昧：持戒清淨，心不散亂，則得三昧成就，定性現前，而超諸有漏。

10.不乏信財：持守戒律，於諸佛法具正信心，能出生一切功德法財，而不匱乏。

受戒、持戒具有不可思議的種種功德力，能讓業力透過持戒的願力來改變，轉惡爲善，轉凡成聖。

Question

03

什麼是戒律？

戒律，是佛教徒用以淨化個人身心的生活準則，也是淨化社會的團體規約，特別是和敬僧團的運作規範。

防非止惡

戒律是一個複合的名詞，「戒」的梵文是尸羅（śīla），是防非止惡的戒法；「律」的梵文是毘尼（vinaya），是生活的規律。「戒」與「律」原具有不同的意義，併用後表示維持佛教教團的道德性、法律性的規範。

戒律是佛教的根本

「戒」是內心自發性地持守規律，屬於精神的、自律的；「律」則是爲維持教團秩序，而規定的種種項目與罰則，屬於形式的、他律的。

如同聖嚴法師所說：「戒的功能在清淨與精進；律的作用在和樂與無諍。」戒律不只是修行的基礎，也是讓正法住世的根本。

（李宛蓁　攝）

Question

04

佛陀爲何要制定戒律？

佛陀成道以後的最初數年，其實並未制定戒律，因爲初期的佛弟子們，根器特別深厚，往往聽到佛陀的開示後，便能立即悟道，證入聖位、聖果。

因此，佛陀時代的初期僧團，大眾的生活行爲非常清淨，完全不需要戒律來約束。直到佛陀成道後的第五年，因爲有一位比丘被俗家母親逼迫與原來的妻子犯淫戒，由此因緣，佛教的戒律，也就從此陸續被制定。這是爲了維護僧團的清淨莊嚴，也是爲了保護僧眾不失戒體。

僧團戒律的十種利益

佛陀曾對所有的僧眾解釋制訂與遵守僧團的戒律，可得十種利益：

1.承事聖衆。
2.和合將順。
3.安穩聖衆。
4.降伏惡人。
5.使諸慚愧比丘，不令有惱。
6.不信之人，使立信根。
7.已有信者，倍令增益。
8.於現法中得盡有漏，亦令後世諸漏之病皆悉除盡。
9.復令正法得久住世。
10.常念思惟當何方便正法久存。

佛陀制戒的用意，即是希望僧衆能遵守戒律，而得到這十種利益。

雖然，佛教的戒律很多，但皆不離五戒的基本原則，一切戒的目的都是爲了保護五戒的清淨。比丘戒是通向涅槃的橋樑，但也是由五戒昇華的境界。戒的功能是斷絕生死輪迴，如能不造生死之因，即不會受生死之果。

僧團的解脫道與防腐劑

聖嚴法師在《戒律學綱要》一書中強調，戒律的制度，並非佛陀對於佛子的束縛，實是佛子的解脫道，也是僧團的防腐劑。若無戒律做爲生活規範的依準，佛子難以解脫生死；僧團如無戒律做爲統攝教化的綱領，佛教會變成一盤散沙，問題叢生。因此，佛陀不但制定戒律，在臨將入滅之時，也示意後世佛子，應當「以戒爲師」。

（李宛蓁　攝）

Question

05

佛戒與世戒有何不同？

以佛法來看，戒有「世戒」與「佛戒」的不同。除了佛制的戒，其他一切戒都是世戒。佛戒之不同於世戒，關鍵在於出發點與目的的不同。

一、守戒爲自己而守

大部分宗教的守戒，是爲遵循神的旨意，如不遵守，便是違背了神，可能會因觸怒而受罰。佛教則不然，佛戒雖由佛制，但其遵守在於各人。佛陀制戒是根據眾生的意志而來，絕不勉強任何人，守戒不是爲佛而守，而是爲了各人的自由意志而守。

二、守戒的中道精神

很多宗教的守戒，容易偏於一面。有的守戒目的偏於出世，是爲了能夠升天，所以容易偏於形上的或出世。有的守戒目的偏於入世，是爲了維持倫常秩序，享有現世安樂。而佛教遵守佛戒，既爲造福人間，也求解脫出世，能夠出世入世皆自在。

三、守戒要納受戒體

一般的世戒，只有形式的遵守，沒有戒體的納受。佛戒則不然，佛戒是由佛制，佛弟子受戒必須師師相授，講求戒體的傳承與納受，唯有受了戒的人，才能將戒傳給他人，此一戒體直接傳自佛陀，受戒而納受戒體，便是納受佛的法身於自己的心性之中，引導人證悟自性是佛。

（李宛蓁　攝）

四、受持完整的佛戒

一般的世戒，只是教人戒除應戒的行爲，未能自成論理體系，佛戒列爲佛教經、律、論三藏的律藏，將戒的構成分爲四大項：戒法、戒體、戒行、戒相，如缺其一，便不能稱爲持佛戒，只能算是守人天福報的世戒。

由此也可明白，爲何信佛、學佛，必須要受佛戒與持佛戒。

Question

06

人人都可受戒嗎？

除了人類以外，異類衆生皆不得戒。由此可見，受戒的因緣非常珍貴，要把握難得的人身，在這一期生命中及時修行。然而，並非人人皆可受戒，必須未犯五逆罪，以及未自破淨戒或破他淨戒。

未犯五逆罪

五逆罪爲五種重罪：殺父、殺母、殺阿羅漢、破和合僧、出佛身血。其中，除了殺父、殺母兩種重罪，一般人不太有機會犯其他三項逆罪。

因爲佛陀已在二千多年前入滅，所以，現今人們自然不可能傷佛，並讓佛陀的身體受傷流血。非出家僧人，不太可能破壞僧團和合。截至目前的佛教史上，

（李宛蓁　攝）

也僅有佛陀住世時的提婆達多一人，犯了破和合僧、出佛身血的兩大逆罪。另外，時值末法時代，難有阿羅漢出世，要想得而殺之，更非易事。

未破淨戒

淨戒是指梵行，破淨戒即是汙梵行。普通人不會毀損僧人的梵行，不太可能自破淨戒，或行淫破他淨戒。如果眞犯此重罪，雖未受佛戒，永不得求受一切佛戒，等同永被棄於佛法大海之邊外，而稱破淨者爲邊罪。

因此，即使受戒設有規範，對於一般人來說，等於是人人都有機會受戒，只要眞心求戒，並沒有特別的困難條件。

Question

07

居士可受哪些戒？

居士是指在家修行的佛教徒，可受的在家戒共有四種：三皈戒、五戒、八關戒齋、菩薩戒。

一、三皈戒

有人以爲三皈不是戒，五戒以上才是戒。其實，三皈也是戒，因爲戒是禁止的意思，在三皈之後，也有三種禁止：

皈依佛，盡形壽不皈依天魔外道。

皈依法，盡形壽不皈依外道邪說。

皈依僧，盡形壽不皈依外道徒眾。

因此，皈依三寶的本身，已經含有一種戒的特質。

二、五戒

五戒是佛教的根本戒，也是做人的根本道德，倫理的基本德目，共有五條，內容包括：

不殺生：主要是指不殺人，如能進一步也不殺動物更好，以增長慈悲心。

不偷盜：不與而取、不告而取，名爲偷盜。

不妄語：言而非實是「妄語」，語中有刀是「惡口」，挑弄是非是「兩舌」，淫詞穢言是「綺語」，這四類都屬於妄語。

不邪淫：凡是不穩定、不正常，不受法律、風俗所認可的性行爲，皆名爲邪淫。

不飲酒：酒精本身不是罪惡，但飲酒者可能酒後迷亂心性，不能自制，而做出損人傷己的不當行爲，所以要戒飲酒。

三、八關戒齋

八關戒齋是佛陀制定在家居士於六齋日，受持一日一夜的出家戒律，以種下出世的正因。內容包括：1.不殺生。2.不偷盜。3.不非梵行（不淫）。4.不妄語。5.不飲酒。6.不著香花鬘，不香油塗身；不歌舞倡伎，不故往觀聽。7.不坐臥高廣大床。8.不非時食。

四、菩薩戒

菩薩戒是菩薩所受的戒，內容包括：四不壞信、三聚淨戒、十善戒、十無盡戒。

四不壞信：

1.從今身至佛身，盡未來際皈依佛。

2.從今身至佛身，盡未來際皈依法。

3.從今身至佛身，盡未來際皈依僧。

4.從今身至佛身，盡未來際皈依戒。

三聚淨戒：

1.從今身至佛身，盡未來際，受持一切律儀。

2.從今身至佛身，盡未來際，修學一切善法。

3.從今身至佛身，盡未來際，饒益一切有情。

十善戒：

1.身離殺生。2.身離偷盜。3.身離邪淫。4.口離妄言。5.口離綺語。6.口離兩舌。7.口離惡口。8.心離貪欲。9.心離瞋恚。10.心離不正見。

十無盡戒：

1.從今身至佛身，盡未來際不殺生。

2.從今身至佛身，盡未來際不偷盜。

3.從今身至佛身，盡未來際不邪淫。

4.從今身至佛身，盡未來際不妄語。

5.從今身至佛身，盡未來際不酤酒、飲酒。

6.從今身至佛身，盡未來際不說在家、出家菩薩罪過。

7.從今身至佛身，盡未來際不自讚毀他。

8.從今身至佛身，盡未來際不慳。

9.從今身至佛身，盡未來際不瞋。

10.從今身至佛身，盡未來際不謗佛、法、僧三寶。

菩薩戒可說是一切諸佛能成佛的根本，從今身至佛身，盡未來際受持，自度度人成就佛道。

Question

08

爲何要皈依佛、法、僧三寶？

學佛爲什麼一定要皈依三寶？因爲三寶是佛法的總綱。歸敬三寶，是進入佛門的初基。如果不歸向三寶，就無緣受用學佛的益處，就如沒有進入公園的大門，就無法領略林園花木的幽勝一樣。因此，發心學佛，首先要皈依三寶。

皈依兩字，從字面上解釋，「皈」是回轉，或是歸投；「依」是依靠，或是信賴。凡是回轉依靠，或歸投信賴的行爲，都可稱爲皈依。

而我們所皈依的對象是佛、法、僧三寶：

（李宛蓁　攝）

一、佛寶

佛，是我們的佛教教主釋迦牟尼佛。佛是覺悟的意思，是大徹大悟、自覺又能覺他、圓滿徹底覺悟的聖者，尊稱爲「佛寶」。在我們這個世界上，到現在爲止只有釋迦牟尼佛一人成佛。不過，釋迦牟尼佛在悟道以後說，所有的眾生如果照著佛所修行的方法和道理去實踐，每一個人都有成佛的可能。他並告訴我們，在這個世界以外的他方世界還有許多的佛，如藥師佛、阿彌陀佛等十方三世一切諸佛。未來有許多眾生會成佛，乃至所有的眾生都可能成佛。爲了離苦得樂、自覺覺他，所以我們信佛學佛。

二、法寶

法，是釋迦牟尼佛所體悟到的人生宇宙的道理，和他所經驗到的修行離苦的方法。這些道理和方法，告訴我們如何修行？爲什麼要修行？如何才能達到離苦得樂的目的？所以被尊稱爲「法寶」。佛出現世間，是應化人間，爲人間帶來了法寶。用法寶來幫助我們離苦得樂，指導我們修行的方法，並懂得修行的道理，使我們從生、老、病、死等種種苦惱中得到解脫。因此，佛教的教義就是要教大家學法。至於要向誰學呢？要向僧寶學習。

三、僧寶

僧，是指釋迦牟尼佛住世時代所度化的比丘僧、比丘尼僧。他們不但修行佛法，也同時教導人修持佛法，是住持、維持佛教的清淨和合僧團，被敬稱爲「僧寶」。出家僧衆的外形、威儀及生活方式，代表佛教的離欲及解脫精神。衆生的苦惱都是由於放不下、離不開種種貪欲而產生；而出家僧的生活方式、生活型態最接近佛的本懷。學佛就是修學佛法的生活方式、實踐僧衆的生活理念，我們能聽到佛法、修學佛法，皆要感恩僧寶的傳授，所以要敬僧。

正信的佛教，三寶必須具足，缺一不可。如果只信佛，卻不信法、不信僧，那就等於是拜神，只是求佛加持，卻不知修行的方法和道理，會被人視為盲從的迷信。如果只信法，而不信佛、不信僧，就等於是一種學問知識的研究，並不算是佛教徒。如果只相信僧中的某一個人，而不信佛也不學法，那就像崇拜偶像或認義父母。對佛教而言，如果只是崇拜、皈信某一個師父而說自己是佛教徒，便非正信。

因此，三寶具足的重要性之於佛教徒，正如鼎有三足，缺一不可。

Question

09

爲何受三皈五戒才是眞正佛教徒？

有些人認爲皈依受戒只是一種外在儀式，覺得自己從小就拜觀音菩薩，本來就是佛教徒，不需要皈依受戒。事實上，即使是天天用功讀經、禪坐、拜佛，如果沒有皈依三寶，只能說是「自學」，並非「名副其實」的佛教徒。

註冊入學正式學習

人人都可以讀經、誦經，甚至深入研究教理，但這不是「學佛」，而是研究「佛學」，是鑽進佛學研究的領域。至於禪坐，不僅僅是佛教的修行方法，其他宗教也打坐修練，或是瑜伽師也冥想、靜坐。因此，未受三皈五戒的人，不能自稱爲佛教徒，好比聖嚴法師常舉例，「沒有註冊入學」就不能說是這個學校的正式學生，只能當旁聽生，即使要取得同等學歷，還是要經過考試。

（李宛蓁　攝）

確立佛教徒身分

由於觀音信仰已經成爲跨宗教的信仰，不只是佛教，一般民間信仰也強調觀音菩薩的靈驗，所以不能只是拜觀音，就自認爲是佛教徒。佛教徒的身分非繼承而來，如果父母皈依三寶成爲佛教徒，但是孩子尚未皈依，孩子就不能算是佛教徒，一定要在皈依師證明下親受三皈依，才是眞正的佛教徒。

皈依三寶與受戒的儀式，是確立佛教徒的身分，絕對不是做做樣子，而是學佛方向的指引。因此，皈依三寶與受五戒是學佛的起點，成爲佛教徒後，需要信佛、學法、敬僧，透過學戒、持戒，才能確保自己走在正確的成佛道路上。

Question

10

八關戒齋爲何可讓人了生脫死？

受了三皈五戒成爲三寶弟子，只要如法奉行，絕對能把握死後不墮畜生、餓鬼、地獄三惡道。五戒的功德不但能讓我們保住人身，甚至可上生天道爲天人。

但是，佛法的最終目的，是讓人解脫生死，受持三皈五戒不墮惡道，只是了生脫死的一種權宜之計，最可貴的還是進入解脫道的門徑。八關戒齋，便是修持解脫道的門徑。

關閉生死之門

即使八關戒齋只是一扇大門、一條路徑，是起點而非終點，是種出世正因，而非出世之果，但已開啓成佛之路。因爲持五戒清淨者生天，持八戒清淨者雖然

（李宛蓁　攝）

也是生天，可是五戒生天，僅止於天，而不一定能了生脫死。八戒生天則雖生於天，終究必得涅槃之果。這是五戒生天與八戒生天不同之處。正由於受持八關戒齋，雖僅一日一夜，必因此功德而解脫生死，所以非常殊勝。

爲何八關戒齋具有如此不可思議的功德呢？因爲八關戒齋的重心，是在設法關閉衆生的生死輪迴之門。

斷淫欲與飲食二貪欲

生死輪迴的主要關鍵，來自於淫欲與飲食這二大根源。衆生之成爲衆生，即起因於淫欲難斷，飲食則爲生死的增上助緣。一切衆生皆因貪戀淫欲享樂，而造成後代子孫的生死業，自己也被生死輪迴綑綁。爲了超越生死，所以戒淫，爲了抑制淫欲，所以持齋。飲食雖爲生死的助緣，淫欲卻由飲食的滿足而起，出世的生活，要從戒淫與持齋做起。

Question 11

什麼是戒體？

戒體是佛教徒受戒後，於內心所產生防非止惡的功能，也就是信受與修持戒法的意志，是一種能約束內心並持續存在的力量。

聲聞戒與菩薩戒的戒體

戒體的梵文舊譯稱「無作」，因為得戒後即不假造作，能自然恆常相續；戒體的新譯為「無表」，因其外相不顯著。由七眾弟子各別受的聲聞戒為別解脫戒，戒體是盡形壽無所失，即為一生的人身壽命長度，當肉體死亡時，戒體即消失；大乘菩薩戒為正解脫戒，戒體則是盡未來際存在，即為生生世世永不失。

《釋禪波羅蜜次第法門》說：「若大乘教門中，說戒從心起，即以善心為戒

（鄧博仁　攝）

體。」《止觀輔行傳弘決》則說：「大乘中雖以心性而爲戒體，若發無作，亦依身口作戒而發，雖依身口，體必在心。」由此可知，大乘佛教是以心性爲戒體。戒體如能念念倍增，達到防非止惡，得生未來善果者，稱爲「戒肥」；反之，戒體如日漸衰損，終至失戒，稱爲「戒羸」。

以心傳心，成為真正的戒子

爲何受戒時，得受戒體如此重要呢？因爲不得戒體，即不得戒。傳戒時，戒體的接受必須師師相傳，因爲戒體是直接傳自佛陀，由佛陀傳給佛弟子，一脈相傳至授戒的戒和尚，所以受戒要從戒和尚得戒體。戒和尚的戒體，自然也必須從他的上一代戒和尚處求得，如此師師相承，關鍵在於心法的傳承。如果受戒時，未一心領受戒和尚所說的話，即使儀軌莊嚴，仍不得戒體；唯有自己的心與戒和尚的心，互相契合，以心傳心，心心相印，才有感應，才得戒體。

因此，只從戒本研讀戒法，即使勉強修持，只是善行，難得殊勝的果報，必須正式受戒，才能得戒，成爲眞正的戒子。

Question

12

什麼是戒本？

戒本是佛教戒條的集錄書冊。中國戒本是從印度翻譯而來，或從《廣律》的《四分律》、《五分律》中選取相關戒律匯集而成，例如《四分戒本》、《十誦律》、《菩薩戒本》等。

中國最早翻譯的戒本，傳說為曹魏時的曇柯迦羅法師所譯的《僧祇戒心》，之後就是姚秦時的曇摩持法師、竺佛念法師，二人共同傳譯《十誦比丘戒本》，可惜書已失逸。此後，《十誦比丘波羅提木叉戒本》、《十誦比丘尼波羅提木叉戒本》、《四分僧戒本》、《四分律比丘戒本》、《四分律比丘尼戒本》……，重要的戒本相繼譯出。

中國所傳入的戒本，種類之多，可謂居世界之冠。

（吳瑞恩　攝）

Question 13

只有法師能傳授戒法嗎？

漢傳佛教與南傳佛教的戒法，只有僧人能夠傳授，密教則居士也能傳授。主要原因在於受戒必須要得戒，也就是得到戒體，才能受用。如果未得戒體，只是外在行爲遵守戒條，心未得戒相應，便只是世間善行，不能得到戒法，其持戒的結果也必然不同了。

傳戒必須有正式儀式納受戒體

漢傳佛教戒律的戒體，必須透過受戒的正式儀式，由僧人傳授和受戒者發起誓願，將代代相傳的戒法納受於受戒者身心之中。如果傳戒者未曾從師受戒，或受戒者無心受戒，即使有授戒儀式，也無法得戒。

權宜之計方便說

授三皈依、傳戒爲僧人的弘法任務和使命，只有在沒有出家人的不得已的情況下，例如臨終病危或戰亂時期，可暫由居士代說三皈依，做爲善巧方便。然而，這並非皈依於居士，仍然是皈依三寶。

因此，求受與學習戒法，還是需要於法師座下或佛教教團皈依三寶。如果是幫動物做皈依，開方便結法緣，便無此限制，無論動物是生是死，只要是佛教徒就可以代說三皈依，是一種祝福和種善根。

（許朝益　攝）

Question

14

什麼是戒和尚？

戒和尚即是授戒的和尚，又稱得戒和尚。僧人要受出家的具足戒，才能成爲眞正的出家人。出家具足戒需要有三師七證，合稱十師，戒和尚即是三師之一，並爲十師之首，要登戒壇親自授戒。

居士受戒，無論是五戒、八關戒齋、菩薩戒，都需要有戒和尚授戒，因爲戒和尚是得戒的根本。凡擔任戒和尚者，戒臘必須在十年以上。所謂的戒臘，也稱法臘，即是僧人受具足戒的年數，相當於出家人的年資。

《四分律行事鈔》說：「初請和尚者，以是得戒根本，若無此人，承習莫由，關於示導不相生長，必須請之。」由此可知戒和尚的重要性。

（法鼓文化資料照片）

Question

15

菩薩戒爲何是三世諸佛的搖籃？

菩薩是由於受了菩薩戒而來。又因爲諸佛都是由於受持菩薩戒而成佛，所以菩薩戒是涵養三世諸佛的搖籃。

做菩薩先受菩薩戒

什麼是菩薩戒呢？菩薩所受的戒，稱爲菩薩戒；要做菩薩，必須先受菩薩戒。如《梵網經》中所說，菩薩戒「是諸佛之本源，菩薩之根本；是大衆諸佛子之根本」。不行菩薩道，雖信佛而永不能成佛；要行菩薩道，須受菩薩戒，所以菩薩戒是一切諸佛之能成佛的根本原因，也是菩薩之所以成爲菩薩的根本所在。

千佛大戒

菩薩戒被稱為「千佛大戒」。意思是說：過去莊嚴劫中的千佛是由於受持菩薩戒而成佛，現在賢劫中的千佛，也是由於受持菩薩戒而成佛，未來星宿劫中的千佛，同樣是要受持菩薩戒才能成，甚至可推及過去三世三劫的千佛，未來三世三劫的千佛，過去無量三世三劫的千佛，未來無量三世三劫的千佛。一切眾生，一切菩薩，一切諸佛，無一不是由於受持菩薩戒而得成佛。

由此可知，菩薩戒的功德之大，廣大得不可思議。

（李宛蓁　攝）

2

學戒有方法

Question

16

什麼是以戒爲師？

佛陀即將入滅、涅槃時，阿難尊者代大眾發問，佛弟子們在失去了佛陀這位導師後，該怎麼辦？佛陀回答，佛弟子們只要能奉持戒律，將戒律當作指導修行的導師，那就與佛住世的時候一樣了。因此，戒在即等於佛在。如果不學戒，便表示不以佛陀爲師。「以戒爲師」，是所有佛子都應遵守的本分。

以戒為師

受戒和學戒的目的，是在持戒，如果受而不學，是懈怠放逸；如果學而不持，則是說食數寶。佛陀制戒的用心，即在於爲佛子立下規章制度，讓大眾能清淨少欲、和樂無諍地過修行生活，達成解脫的目的。

因此，佛陀叮嚀佛子應當「以戒爲師」，不要忘記遵守他所制定的戒律，佛教團體才能繼續存在，弟子們也才能繼續得到佛法的利益。正像一個國家，不用擔心元首亡故，因爲可以依法再選繼位者。只要國家的憲法存在，大家依法而行，國家的政制政體，將不動不搖，長存世間。佛教只要戒律存在，佛教與僧團也必能與世長存。

持戒才能護持佛教興盛

不論是一個團體或一個社會，乃至一個國家，甚至全世界的人類，都必須要有他們共同的生活守則與共同遵守的倫理，才能使團體中的每一個人，自安安人，否則就成烏合之衆。如果人人持戒，佛教必然興盛。身爲佛弟子，用心受持戒律就是在實踐佛陀的教育，也能展現一個佛教徒該有的威儀，讓他人尊敬佛教、親近佛教、理解佛教。

佛滅度後，佛子以戒爲師，戒爲佛制，尊重戒律即是尊重佛陀。我們唯有以戒爲師，才能自己持戒，並保護他人持戒。

（王傳宏　攝）

Question

17

學佛一定要學戒嗎？

佛教所有的修持法門，皆不能離開佛制的戒律。修學佛法最重要的就是修戒、定、慧，即「三無漏學」，其中，以持戒爲修定、發慧的基礎——依於戒律止惡行善的功能而帶來身心的安穩，如此則益於修定，讓心進一步處於清明澄淨之中，如此即能逐漸明心見性而開發智慧。因此，「三無漏學」又稱「三增上學」，三者環環相扣、層層次第而上，其中，以戒爲根本。

此外，未受佛戒者，即使自稱信佛、學佛，也非佛教徒。因此，佛教徒一入佛門的第一件大事，便是受戒。如不受戒、學戒，無法修學正信的佛教，可能偏離佛道而不自知，因此須以戒來導正。

佛教重要的教理中，戒是不可或缺的內容，學佛不可能避開戒法而學，除了三無漏學之外，還有：

四不壞信：皈依佛、皈依法、皈依僧、皈依戒。

六念：念佛、念法、念僧、念天、念戒、念施。

六波羅蜜：布施、持戒、忍辱、精進、禪定、智慧。

七聖財：信、戒、慚、愧、多聞、施捨、智慧。

八正道：正見、正思惟、正語、正業、正命、正精進、正念、正定。其中的正語、正業、正命，便是戒律行爲。

受戒是信佛、學法、敬僧的第一步。不論所學的是漢傳、藏傳、南傳，或是禪宗、淨土宗、密宗，會發現修學佛法，不可能離開學戒，這是因爲要從佛法中得到對生命的受用，從基本的安心安身，以至於開發智慧、解脫生死，都不可能離開持戒。

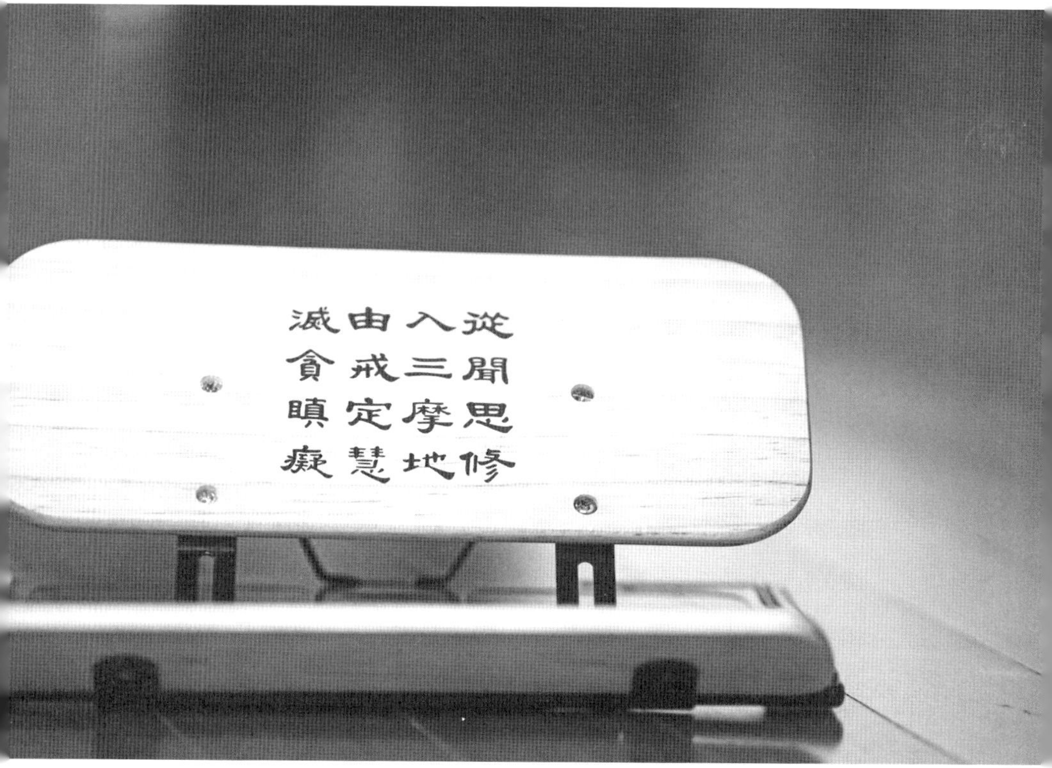

（李宛蓁　攝）

Question

18 要在哪裡受戒？

居士求受三皈依、五戒、八關戒齋、菩薩戒，可電話詢問寺院知客處最近的戒期，或網路搜尋寺院活動，再報名參加。通常八關戒齋、菩薩戒的受戒戒期較長，可能需要在寺院掛單住宿，所以需要事先報名。

戒場設置戒壇

居士受戒的戒場，通常會安排在寺院舉行，並於道場內設置戒壇。戒場是指授戒與說戒的場所，本無建築屋舍的必要，只要在空地上標示結界即可，但爲避免風雨，所以自古以來大都兼行堂內受戒與露地結界受戒。

戒場主

戒場與戒壇的相異處，主要爲戒場僅限在平地，戒壇則是在平地立一稍高的壇場而成。舉辦授戒會道場者，稱爲戒場主，一般多爲該授戒會的寺院住持，也常兼任引禮師或授戒會三師的得戒和尚。

Question

19

參加受戒要注意什麼事項？

各項受戒法會，都應事先向主辦寺院報名。通常參加三皈五戒，可當日往返，如果是「八關戒齋」或「菩薩戒」，可能會住宿於寺院內，戒期間不能對外聯絡，因此如有事需要交辦，宜提前預先聯絡與處理，以便能專心受戒。

了解受戒的內容

爲了解受戒的內容，以及佛戒的精神，建議受戒前，可先行閱讀相關資訊與書籍，一方面有助於建立正確的觀念，另一方面也可建立學佛的信心，不會三心兩意。可以參考聖嚴法師的一些相關著作，例如認識三皈五戒可閱讀《佛教入門》，學習菩薩戒可閱讀《菩薩戒指要》，如希望能更完整理解佛教戒律，可研究《戒律學綱要》。

在進入戒場的前幾天，建議宜避免從事刺激性的活動，並盡量減少聲光刺激的娛樂活動，以保持身心安定。而在進入戒場前，如平日沒有素食習慣，建議事先宜素食，避免飲酒與食用蔥、蒜等氣味重的五辛食物，以免在戒場造成自己與他人的困擾。

安心受戒

在「八關戒齋」或「菩薩戒」的戒會期間，規矩如同禪七與佛七，需要靜默不語，除了讓身心收攝，專心一意，不攀外緣散心雜話外，保持靜默也在維護道場的莊嚴，此外，亦不能對外聯絡與使用手機、平板電腦等3C產品。報到時，法師會先說明戒場規矩，戒期間的作息，要配合總護法師指示，遵守規矩能讓自己與別人都能安心受戒。

（李宛蓁　攝）

無論受戒時，是否還有事未妥善處理，都要放下萬緣，不要牽掛，一進入戒場，最重要的就是一心用功，求受戒法。

Question

20

受戒有時效性嗎？

受戒會因受戒的內容與戒體，而有不同的時效性。

受戒即有功德與善報

五戒的受戒時效爲今生，當人身捨報後，便無法再持戒，沒有戒體，五戒自然失效。戒有受法，也有捨法，受了再捨，捨了再受。受戒之後，必須持戒，如果捨戒，若造惡業，雖無犯戒之罪，但業力卻不失，至於以前持戒的功德，仍然存在。因此，不論五戒受持長短，戒條受持多少，只要受戒、持戒，就有功德，就有善的業報。

八關戒齋是於六齋日當日，受持一日一夜。八關戒齋讓在家居士有機會修持一日一夜的出家生活。六齋日通常爲農曆每月八日、十四日、十五日、二十三日，

（李宛蓁　攝）

以及月底二日。

菩薩戒一受永受

居士所受的菩薩戒是一受永受，盡未來際受持，直到成佛時爲止。爲何五戒時效只有一生、八關戒齋只有一日一夜，而菩薩戒卻能一受永受呢？

這是因爲五戒、八關戒齋皆是聲聞戒，而聲聞戒屬於「物質」的「色法」，當物質的身體死亡後，即使不捨戒，戒與戒體也自然消失了。菩薩戒則屬於「精神」的「心法」，心法直至成佛爲止，都是存在的，一發菩提心，便是無盡戒，無論死後轉生哪一道，菩提種子永遠存在，所以可以生生世世受持不失。如同《菩薩瓔珞本業經》所說，受了菩薩戒，有犯不失。又說：「其受戒者，入諸佛界菩薩數中，超過三劫生死之苦。」一旦受了菩薩戒，便已進入諸佛國土的菩薩數量之中，不會因生死輪迴而消失不見。

Question

21

皈依典禮的內容和流程爲何？

皈依即是皈依佛、法、僧三寶，發願從此以佛陀爲學習榜樣，以佛法調整觀念成長自己，以僧爲老師來學習。皈依的方式，通常爲參加道場舉辦的典禮衆人一同求受皈依，但若有特殊因緣，也可以請法師替個人授三皈依。

皈依儀式的時間雖然不長，但態度必須至誠懇切，鄭重地許下承諾。皈依的流程，主爲根據明代的《三歸五戒正範》，分爲以下幾個項目：

1. **敷座請師**：敷設法座，迎請和尚陞座。
2. **開導**：開示三皈依的意義。
3. **請聖**：迎請佛、法、僧及護法龍天。
4. **懺悔**：懺除往昔惡業，清淨身、口、意後，納授三皈戒體。

5. **受皈**：三皈三結，並發三誓。
6. **發願**：發無上菩提之心，願度一切衆生。
7. **顯益勸囑**：說明三皈的功德殊勝，並囑依教奉行。
8. **迴向**：將此受皈的功德，迴向給一切沉溺的衆生，速脫生死，早生佛土。

現代的皈依典禮，基本上也依照此流程，但會依照不同環境與狀況，稍做變化。有些道場在皈依儀式之前，會先進行簡單的祈福法會，並由法師講解三皈五戒，幫助大衆了解其意義。接著學習佛教的基本行儀，例如合掌、操手與拜佛等學佛行儀，同時也預先熟悉皈依時的流程和儀式。

爲了滌淨身心，正授三皈五戒前，新皈依弟子必須先懺悔，念〈懺悔偈〉三遍，每念完一遍就頂禮一拜。接著由皈依師正授三皈依，發心皈依者跟著皈依師念皈依詞三遍、〈四弘誓願〉及五戒文一遍。

（吳瑞恩　攝）

皈依詞

我□□□，皈依佛、皈依法、皈依僧。

我□□□，已經皈依佛、已經皈依法、已經皈依僧。

我□□□，從現在起，皈依三寶，成為三寶弟子，修學佛法，擁護三寶，永不退信。

〈四弘誓願〉

我□□□，願度一切衆生、願斷一切煩惱、願學一切佛法、願成無上佛道。

五戒文

我□□□，願終身受持不殺生戒。

我□□□，願終身受持不偷盜戒。

我□□□，願終身受持不邪淫戒。

我□□□，願終身受持不妄語戒。

我□□□，願終身受持不飲酒及不吸食麻醉毒品戒。

典禮完成之後，每個人會有自己的法名與皈依證，做爲新生命開始的紀念。法名第一個字是法脈輩分的代表字，標識著傳承；第二個字則參照皈依者的名字、職業或照片，挑選吉祥或具勉勵意涵的字，像是與戒、定、慧相關的字，並避開不雅諧音，用心取名的目的，就是希望人們收到法名心生歡喜，開啓精進向上的學佛路。

Question
22
受八關戒齋的內容和流程爲何？

八關戒齋屬於出家戒法，八關戒齋的「八」是指戒條的數目，「關」是禁止、關閉的意思，「齋」則是指過午不食的齋法。八關齋戒是以八條戒法關閉八種流轉生死的關卡，以通達成佛之道。

明末的律宗讀體見月大師，曾編寫一篇〈授八戒正範〉，共分八節儀式：1.敷座請師，2.開導，3.請聖，4.懺悔，5.受皈，6.宣戒相，7.發願，8.勸囑迴向。〈授八戒正範〉雖然隆重莊嚴，但所需時間較長，弘一大師曾根據《佛說八種長養功德經》，另錄編一篇〈受八關戒齋法〉。《在家律要廣集》也有〈受八關齋法〉，內容非常簡要。

道場舉行的的八關戒齋，主要流程如下：

一、**正授**

歸命十方三寶，護法龍天，惟願降臨，攝受於我。

我今歸命勝菩提，最上清淨佛法僧。

我發廣大菩提心，自他利益皆成就。

懺除一切不善業，隨喜無邊功德藏。

先當不食一日中，後修八種功德法。

二、**懺悔**

往昔所造諸惡業，皆由無始貪瞋癡；

從身語意之所生，今對佛前盡懺悔。

三、**受三皈依**

我□□□，盡形壽皈依佛，盡形壽皈依法，盡形壽皈依僧。

我□□□，皈依佛竟，願斷一切惡業。
我□□□，皈依法竟，願修一切善法。
我□□□，皈依僧竟，願度一切衆生。

四、發願受持

我□□□淨信優婆塞（夷），唯願阿闍梨，憶持護念。我從今日今時，發起淨心，訖於明天日初出時，於其中間，一日一夜，奉持八戒：一不殺生；二不偷盜；三不非梵行；四不妄語；五不飲酒；六身不著香華鬘，不歌舞伎樂；七不坐臥高廣大床；八不非時食。我今捨離如是等事，誓願堅持，以上八種淨戒功德。

我持八戒，莊嚴其心，令心喜，廣修一切，相應善法，願得成就，圓滿菩提。

五、〈四弘誓願〉

我□□□，眾生無邊誓願度。我□□□，煩惱無盡誓願斷。我□□□，法門無量誓願學。我□□□，佛道無上誓願成。

在寺院參加過八關戒齋的居士，最好能在每月六齋日，持一日一夜的八關戒齋，在家體驗出家的清淨生活。

（郭金典　攝）

Question
23
在家菩薩戒戒會的內容和流程爲何？

居士受菩薩戒的目的，在於學習菩薩精神，止一切惡，修一切善，利益一切眾生。自佛滅度之後，求受菩薩戒有「從師」與「自誓」兩種方式，自誓受是因身處邊地不得已的方便，最好從師受戒才是正本，建議報名寺院、道場傳授的菩薩戒。

道場舉辦的菩薩戒戒會，可能需要四天或七天。在正式傳戒前，會先進行說戒、演禮與受幽冥戒。「說戒」是講解菩薩戒，讓戒子了解菩薩戒的意義與內容，知道正確持戒的方法。「演禮」則是讓戒子熟悉戒會行儀的內容，預先熟悉受戒時的行儀，演禮過程也在收攝身心學習菩薩戒子日常應有的威儀。「授幽冥戒」安排在正授菩薩戒的前一晚進行，以幫助戒子超度歷代祖先，及邀請累世的六親眷屬、怨親有緣一起來聞法、受戒，並護持戒子，能平安、圓滿受菩薩戒。

菩薩戒正授時的基本流程為：

1. 請師入壇。

2. 頂禮十方三世三寶。

3. 問菩薩戒遮難：問遮難是為確認戒子是否有受戒的資格，是否曾犯重罪不能受戒。

4. 懺悔往昔罪業：念誦〈懺悔偈〉，至誠懺悔。

5. 請聖降壇，證明授戒：請釋迦牟尼如來為得戒和尚，文殊師利菩薩為羯磨阿闍梨，彌勒菩薩為教授阿闍梨，十方一切諸佛為尊證，十方一切菩薩為同學，菩薩比丘為法師，證明得受菩薩三聚、十善、十無盡清淨戒。

6. 受四不壞信法：從今身至佛身，盡未來際依止四不壞信：皈依佛、皈依法、皈依僧、皈依戒。

7. 受三聚淨戒：從今身至佛身，盡未來際，受持一切律儀、一切善法、饒益一切有情等三聚淨戒。

8.受十善戒：持守盡未來際，身離殺、盜、邪淫，口離妄言、綺語、兩舌、惡口，心離貪欲、瞋恚、不正見。

9.受十無盡戒：發〈四弘誓願〉：「眾生無邊誓願度，煩惱無盡誓願斷，法門無量誓願學，佛道無上誓願成。」觀想十方世界妙善戒法，從頂門流入身心，盡未來際，永爲佛種。持守從今身至佛身，於其中間，不得故殺生、偷盜、邪淫、妄言、酤酒與飲酒、說在家出家菩薩罪過、自讚毀他、慳、瞋、謗三寶。

10.受菩薩衣：新戒菩薩受菩薩衣，唱誦〈搭衣偈〉：「善哉解脫服，缽吒禮懺衣，我今頂戴受，禮佛求懺悔。」

11.讚歎受戒功德。

12.功德迴向。

13.恭請菩薩法師開示。

14.供養菩薩法師。

（許朝益　攝）

15. 恭送諸聖及菩薩法師。

16. 禮成。

菩薩戒戒會的受戒生活，如同短期的清淨出家生活，讓戒子的身心煥然一新。但更重要的是，圓滿受戒後，要成爲能行菩薩道的人間菩薩。

Question

24 什麼是幽冥戒？

所謂的幽冥戒，是生者替墮入幽冥界的亡者受戒，以受戒的功德，讓亡者能夠早日脫離苦難。在受菩薩戒之前，要先受幽冥戒，這是爲了超度戒子生生世世無窮無盡的怨親有情眾生，以及各姓氏歷代祖先，讓幽冥眾生亦能聽聞佛法，懺悔業障，並能受戒，以求早日解脫冥界之苦。

超度幽冥眾生

「幽冥」是指六道群靈，幽冥眾生由於神識昏闇無依，難以聽聞佛法，也無法受持齋戒，所以需要讓生者來代替受戒。至於受戒後，亡者能否因此而得到救度，要視亡者本身的福德因緣，以及依生者的代種善因，廣修供養而定。

（王傳宏　攝）

發起大菩提心

有人誤以爲受幽冥戒時，會遇到亡者的鬼魂，所以不敢代受幽冥戒戒。其實，幽冥戒不只能讓亡者受益，對於生者而言，受戒時所發起的大菩提心，願度一切衆生成佛，正是行菩薩道所不可或缺的。透過受幽冥戒，祈願一切幽冥衆生都能早日離苦，便是慈悲的菩薩胸懷。

Question

25

菩薩戒要燃戒疤嗎？

戒疤又稱香疤，在中國佛教早期歷史中，佛弟子為求受淨戒，以香燃燒身體某部分以供養諸佛菩薩，而於身上遺留燃燒痕跡，以表堅定的誓願。在家菩薩戒的戒疤燃於手臂，出家菩薩戒的戒疤則燃於頭頂，戒壇中稱「火燒菩薩頭」。

受戒燃戒疤非佛制

受戒燃香的經典依據有二，一是《梵網經》中指出：「若不燒身臂指供養諸佛，非出家菩薩；乃至餓虎狼師子，一切餓鬼，悉應捨身肉手足而供養之。後一一次第，為說正法，使心開意解。」；一是《法華經》的〈藥王菩薩本事品〉中，藥王菩薩的前生「一切眾生憙見菩薩」燃身供佛。

然而，《梵網經》中所指，除燒身臂指外，還需要捨身肉手足，這並非對一般凡夫菩薩的要求。至於《法華經》中的一切衆生憙見菩薩，更是已登聖位，具足神通的大菩薩。因此，受戒燒戒疤本非佛制，印度亦無此例。

漢傳佛教受戒燒疤的起源說法有二，一是佛教傳至中國唐代，朝廷爲防止俗人假冒僧衆，所以敕令僧衆於受戒時，燃燒戒疤以爲識別。另有一說法是元世祖時，志德法師住持天禧寺時，與七衆授戒燃香於頂，以爲終身之誓。

不需要燃香燒身做供養

有人誤以爲燒身供佛的本義，是爲讓佛菩薩接受我們焚燒肉體的供養，所以燒身有大功德。其實，燃香供佛，並非供養身外之佛，而是供養自己的自性佛，發心燃香以堅固道心求精進。佛菩薩並不需要人們燃香燒身做供養。

Question

26

什麼是菩薩衣？

傳統上，在授在家菩薩戒時，習慣讓戒子們披上縵衣，但是這其實並沒有戒律根據，縵衣是漢傳佛教出家人的僧衣，在家修行者稱為「白衣居士」，本不應以僧衣為戒衣。

象徵學佛向法的精神

為了讓受戒者感受戒場的莊嚴、整齊，並紀念受戒，因此，法鼓山的菩薩戒儀式，不搭縵衣，改用飄帶式的緞子，一邊繡上佛像，另一邊則繡上法鼓山的山徽，以佛像象徵佛，以法鼓山山徽象徵法，以錦色象徵瓔珞莊嚴，讓戒子們能從菩薩衣體會學佛向法的精神。

（許朝益　攝）

提醒時時清淨與精進

菩薩衣的使用場合，爲禮懺時或參加共修法會所穿著。菩薩衣的重要意義，在於提醒戒子們應當清淨與精進，披上菩薩衣即應心生警惕，隨時隨地護持戒體。

Question

27 受了菩薩戒，能立即變成菩薩？

受了菩薩戒，是發願學習菩薩難行能行、難忍能忍的精神，聖嚴法師稱此為「嬰兒菩薩」，受戒後，仍是凡夫，但是要發下願心，學習做菩薩。

凡夫是嬰兒行的菩薩

既然是初發心的嬰兒菩薩，學步期間難免會跌跌撞撞，跌倒沒有關係，只要重新站起來，繼續依著菩薩道前進就好。當我們行菩薩道時，會非常清楚人生的努力方向，知道什麼是不該做的事，什麼是該做的事。透過持守菩薩戒的力量，隨時隨地善用佛法幫助自己消除煩惱，並用佛法幫助他人離苦得樂，身心自然會愈來愈清淨快樂。

凡夫菩薩與菩薩摩訶薩

菩薩有兩類，一種是「凡夫菩薩」，另一種是「菩薩摩訶薩」。任何人只要願意用佛法自利利人，就是菩薩；「菩薩摩訶薩」則是已經入聖位的「大菩薩」，如佛經所見的聖位菩薩，像觀音菩薩摩訶薩、普賢菩薩摩訶薩。

因此，我們只是嬰兒行的「小菩薩」，並非「大菩薩」。

（李宛蓁　攝）

Question 28

可選擇部分受戒嗎？持戒困難可捨戒嗎？

如果目前暫時無法受持全部戒條，可依自己的現實狀況，斟酌可受持的戒條，不必勉強全受。如果受戒後，在持戒上遇到實在無法克服的困難，也可捨戒。

一、**五戒**

可分條受持，如果受戒時已經全部秉受，受戒後，覺得不能全持，可分條捨戒。

二、**菩薩戒**

受戒時可以少分受、多分受、滿分受，如果發現不能持守時，也可隨分捨戒。

三、**八關戒齋**

只於六齋日，受持一日一夜，不是一受永受。原則上沒有捨戒問題。但如眞的飢餓難忍，或遇困境無法持戒，只要向任何一個人說，便算捨齋。

佛教的戒律，只有菩薩戒是一受永受，若不破重戒而失戒，便能受持盡未來際，直到成佛。因此，除了菩薩戒以外，任何一種戒均可捨，即使在世時不捨，臨終時也就失去戒體了。

現代社會的生活面向多樣，人際關係多元，不容易持戒清淨。有的人可能因爲工作關係，無法持守不飲酒戒、妄語戒，此時，在生活中掌握住持戒的精神，讓自己的生活過得安心、安全、快樂，是最重要的，也更有意義。

Question

29 什麼是戒由心生？

所謂「戒由心生」，佛教的戒法是心戒，以「自淨其意」爲持戒的基礎。心中生戒，則戒在心中；心戒不離實戒，實戒源於心戒。

善戒與不善戒皆由心生

如同釋尊於《五支物主經》所開示：「云何善戒耶？善身業，善口、意業，是謂善戒。」「此善戒從何而生？我說彼所從生，當知從心生。云何爲心？若心無欲、無恚、無癡，當知善戒從是心生。」同樣地，不善戒也是從心生。

不善戒是邪戒，由邪見、邪念所生的身、口、意三業是惡業；善戒則是正戒，由正見、正念所生的身、口、意三業是善業。由於不善戒、善戒悉皆由身、口、

（李宛蓁　攝）

意三業的因緣所生、所滅，所以需要持戒守護戒行清淨。

持戒保持清淨心

《清淨道論》引用《無礙解道》解釋「戒」：「云何為戒耶？思是戒，心所是戒，律儀是戒，不犯是戒也。」專研《阿含經》的學者楊郁文解析此義為：1.有意思、有意圖、有目的之行為，是戒；2.通過心所抉擇，合乎戒條之活動，是戒；3.以律則規範，防護不作惡而行善是戒；4.提醒自己，不犯罪過，是戒。

身、口、意的三種活動，以「意業」最重要，因為如果言語、行動不涉及心，就不會造業。大乘佛教判斷犯不犯戒的最重要因素是「心」，也就是「意圖」。因為惡念會產生惡業，只是比言語、行動所產生的惡業，罪行為輕。因此，修行要防微杜漸，一發現自己產生壞念，就要持戒調心，以保持清淨心。

Question

30

爲何早、晚課需要每天誦念〈三皈依〉？

佛教徒每天在早、晚課結束前，會誦念〈三皈依〉，最後再以迴向作結。

自皈依佛，當願衆生，體解大道，發無上心。
自皈依法，當願衆生，深入經藏，智慧如海。
自皈依僧，當願衆生，統理大衆，一切無礙。

〈三皈依〉的早晚提醒

〈三皈依〉出自《華嚴經》的〈淨行品〉，提醒學佛者發願以三寶爲究竟皈依，並努力實踐，同時也發起願心，祈願人人皆能以此爲目標，即所謂的「當願衆生」。早課念〈三皈依〉的目的，是自我提醒要實現所發的願，晚課誦念則是反省自己到底做到多少。

（吳瑞恩　攝）

「自皈依佛」是要學習佛最初的發心，學習如何不忘出離心、菩提心、智慧心。佛是如何成佛的，修行道路是如何走的，我們要與佛同心同願，才能同成佛道。佛如何做，我們就跟著他學習，即是「體解大道，發無上心」。

「自皈依法」，佛教的經典、法門何其多，該如何抉擇？發願學習佛所說一切法，就要透過「深入經藏」的戒、定、慧三無漏學，轉變我們身、口、意三業，消除貪、瞋、癡三毒，才能「智慧如海」。

「自皈依僧」，僧指的是清淨和合的僧團，因為僧團是強調「六和敬」的團體，一個無私、包容的團體。「統理大眾」不僅僅指與他人相處，也包括自己。我們往往身心不調和，因此需要發願從自己到眾人，都能身心和諧、家庭和樂，進而有和諧的人際關係，慢慢擴及社會、世界，達到真正的「一切無礙」。

依自力、依正法修學

皈依三寶，爲何前面要加一字「自」？佛陀在涅槃會上教導弟子「自依止，法依止，莫異依止」的皈依眞正意義，佛弟子應該依仗「自力」，依正法修學，依自己的佛性，因爲自己能夠成佛，藉由對外「住持三寶」，回到依靠「自性三寶」。

了解〈三皈依〉的意義後，應將佛法放在心上，將三皈依放在心上，這是我們生生世世修行最高的指導原則。

3

持戒意堅定

Question 31

如何持三皈依戒？

三皈依不只是正式成爲佛教徒的必經過程，也有必須持守的戒條。因爲既然已經皈依佛、法、僧三寶，便不能同時信仰其他不同宗教，如此才是正信的三寶弟子。

三皈依的三種禁止

佛教徒在皈依佛、法、僧之後，有三種禁止，不得皈依天魔外道、外道邪說和外道徒衆。如同《般舟三昧經》記載佛陀的話：「當持五戒，自歸於三。何等爲三？自歸命佛，歸命法，歸命比丘僧。不得事餘道，不得拜於天，不得祠鬼神，不得視吉良日。」

（李宛蓁　攝）

學習正信的佛教

因此，皈依三寶後，一者，不能依止天魔外道，不能膜拜祈求神鬼外道，必須相信佛寶是眞實依歸，才不會從佛道誤入鬼道、魔道。二者，要依法寶來修學戒、定、慧三學，不能信奉其他外道邪說與典籍，才不會將正法誤解爲邪法，成爲附佛外道而不自知。三者，要禮敬僧寶，向僧人修學佛法，不崇拜外道神通者，或同時依止其他宗教老師，如此所學才是正信的佛教。

Question

32

如何持不殺生戒？

不殺生戒主要是指不殺人，如果能不殺動物、昆蟲更佳，以長養慈悲心。

殺人重罪的條件

殺生戒以殺人爲重，殺傍生異類爲輕。傍生是指畜牲，異類是指非人類的神、鬼等，也稱非人。殺人重罪有五個條件：

1. 是人：所殺者是人。
2. 人想：蓄意殺人。
3. 殺心：有心殺人，而非無意誤殺或過失殺人。
4. 興方便：運用殺人的方法。
5. 前人斷命：被殺的人斷定已死。

（吳瑞恩　攝）

無意殺則不犯重罪

殺生的行爲，以心爲主，如果是無意殺者，不犯重罪，例如，無意中的誤殺，或是因戲笑打人而致死，不犯重罪，但犯可悔罪。意外的誤殺，則是無犯。如果癡狂心亂而不由自主殺人者，也是無犯。但是殺人而殺父母、殺阿羅漢，便犯逆罪，應墮無間地獄，是殺戒中的極重罪。

但在日常生活中，我們不太可能殺人，殺非人更很罕見。至於宰殺動物，如非屠夫，也不會天天殺豬宰牛，一般人容易犯的殺生戒，是對於蟲蟻一類的傍生動物。傷人的蟲蟻確實需要驅除，但要盡量做到護生，若仍誤殺或誤傷，應心生悔意，願其投生善類、終將成佛，可免殺生之罪。

守持不殺生戒，並未規定必須素食。但依大乘佛教菩薩戒的規定，持不殺生戒，不得親自殺生，也不得勸他或教他殺生，所以不能親自宰殺雞、鴨、魚、蝦，如果購買、食用已屠好的肉類，則不在五戒的禁忌之列。當然，如能發心素食更佳，更合乎菩薩戒的慈悲精神。

Question

33

如何持不偷盜戒？

盜是指偷盜，不與而取便稱爲偷盜。意思即是對方沒有允許，應許給予的財物，卻不告而取的行爲。偷竊行爲不只犯佛戒，也不爲世間法律容許，因此持守本戒能保護人不犯法。持不偷盜戒者，除不偷盜他人財物外，也應積極地救濟貧困，布施他人。

犯偷盜戒的條件

犯偷盜戒最具有六個條件：

1. 他物：他人的財物。
2. 他物想：明知是他物而非自己之物。
3. 盜心：起偷盜的念頭，即存有偷盜的預謀在先。

4.興方便取：假借種種方法，達成偷盜目的。

5.值五錢：所盜物價值五個錢。此爲佛陀比照當時印度摩揭陀國的國法而制戒。國法規定偷盜五錢以上即犯死罪，所以佛也制定佛弟子偷盜五錢以上，必須捨出家還俗家，接受王法的處置。

6.離本處：將所盜的財物，帶離原來的位置。

勿順手牽羊

如果物主不同意，不論用什麼手段，騙取、竊取、強奪、霸占、吞沒，皆是偷盜。不得以任何理由，如飢餓、疾病、天災人禍、照顧家人等，而行偷盜。如有困難，可以求乞，受人布施者無罪。借而不還者，也犯盜罪。

一般人比較容易疏忽的是，日常生活的貪小便宜、順手牽羊。例如店家多找錢、郵寄書信用印刷品郵資、拿走飯店配備、借傘不還、將公司物品當成家用品

（李宛蓁　攝）

等，由於認爲是小事，不在意這些細節，日久可能眞會變成牽羊慣犯，造成他人煩惱損失，而自己犯偷盜戒，卻不自覺、自知。

在工作上，除合理的利潤，不能謀取他人的財物。滿分受持五戒的居士，除應從事正當營生職業外，如果逃漏稅、貪汙受賄，也是犯戒。能持不偷盜戒者，便能心安理得地全心工作，能自我肯定所做的事業，就是造福人群的福田。

Question

34

如何持不邪淫戒？

維護家庭倫理

一切不受國家法律或社會道德所承認的伴侶關係，均稱爲邪淫。

眾生的存在皆由淫欲而來，不可能要求凡夫眾生皆斷淫欲，所以佛陀並未禁止在家弟子有正當的夫妻生活。正當的伴侶關係是家庭倫理，若是不正常的感情關係可能會引生情殺、婚外情等問題，而損害身心健康、影響家庭和睦，並可能觸犯法律。爲讓人間和樂，佛陀因此制定不邪淫戒。

避免情感煩擾

出家眾要持守不淫戒，在家眾則應遵守不邪淫戒，不能與伴侶之外的人發生性行爲。

犯戒均在於心，如無邪淫之心，不會主動犯邪淫戒。在充滿誘惑的現代社會裡，持守不邪淫戒，不但能助自己身心健康、維持家庭倫理的和睦，更能讓人避開種種情感煩惱，安心修行。

Question

35 如何持不妄語戒？

妄語，是虛妄不實的言語。妄語分為三大類：大妄語、小妄語、方便妄語。「小妄語」包括：綺語、兩舌、惡口，凡花言巧語、挑撥離間、惡罵諷刺皆犯此戒。「方便妄語」是出於善心，為利益他人而說，所以不犯。其中最重罪是犯「大妄語」罪，未證悟，卻自稱證悟，凡夫自稱聖人，因此要負障礙他人修行的因果責任，不可不慎。

犯大妄語戒的條件

犯大妄語戒有五個條件：

1. 所向是人：對人說大妄語。
2. 是人想：認定對方是人，不是非人或畜生。

（吳瑞恩　攝）

3.有欺誑心：蓄意要使對方受欺騙。

4.說大妄語：自己未證道卻說已證，未見天鬼神，卻說見到鬼神。

5.前人領解：對方能領解所說的內容，如對方是聾人、癡人、不解語人，及向非人、畜生等說大妄語，不犯重罪。

不能存心騙人

凡是存心騙人，不論利用何種方法，使得被騙者受騙，即成妄語罪。一般人不會說大妄語，只有不解因果者才會說，比較容易犯的是小妄語戒。一般人只要見面聊天，或看臉書八卦，就容易搬弄是非、說長道短，造成禍從口出或他人煩惱。因此，修行人應該謹言慎行。

古代的散播妄語的範圍有限，受騙者不致太多，現代有網路、電視、報刊、電話等做為散播妄語的工具，妄語的力量變得無遠弗屆，可能一句謊話就能欺騙許多人。因此，如能提倡戒除妄語，就能對社會的安定盡一份力，對人間的和平奉獻一份心。

Question

36

如何持不飲酒戒？

飲酒戒是佛戒的特色，飲酒雖非惡事，卻最能使人心神混亂、精神失控，而造成諸多傷人的行爲。所以，在五戒中，前四戒爲根本的「性戒」，飲酒則爲「遮戒」，因飲酒會遮蔽持守其他戒律的行爲。酒後失控可能罵人、殺人、強暴、搶劫，犯了全部五戒。

犯飲酒戒的條件

犯飲酒戒有三個條件：

1. 是酒：能醉人的飲料。
2. 酒想：明知是能醉人的飲料。
3. 入口：不得一滴沾脣，入口則一咽，犯一可悔罪。

節制欲念

如何算是犯不飲酒戒？《四分律》說：「酒色、酒香、酒味，不應飲；或有酒，非酒色、酒香、酒味，不應飲。」如果已有酒味、酒香等，都應避免飲用，雖然只有一點點酒而已，但人往往會不經意多飲，而造成精神恍惚。畢竟受戒的功能之一，就在避免人的偷心，需要透過持戒的力量來節制欲念。偷心是人的起心動念，如執著心、攀緣心、計較心，這些都是生死心，偷心如果不除，就無法解脫生死。

但若是在餐中意外發現，非有意食用，基於不浪費食物，與待人處事的考量，不造成用餐親友的尷尬，則可開緣，但心中要保持正念、正知。持不飲酒戒的重點在於，清楚持戒的原則，盡量避免飲酒；但如果是不小心誤飲時，也不要使自己與別人產生罣礙。

Question

37

如何持八關戒齋？

受持八關戒齋，主要目的是爲種植出世的善根。雖然受持八關戒齋，僅一日一夜的時間，仍能因此一持守功德，而種下出離、解脫輪迴的因。

前五條同五戒

八關戒齋需要持守的戒條內容爲：1.不殺生。2.不偷盜。3.不非梵行（不淫）。4.不妄語。5.不飲酒。6.不著香花鬘，不香油塗身；不歌舞倡伎，不故往觀聽。7.不坐臥高廣大床。8.不非時食。

除「不邪淫」改爲「不淫」，八戒的前五條戒與五戒相同，增加後三條戒法。

（鄧博仁　攝）

「不著香花鬘，不香油塗身；不歌舞倡伎，不故往觀聽」與「不坐臥高廣大床」這兩條戒，主要目的是爲了避免間接地引發欲念。例如塗抹香水、化妝或配戴首飾的潛在動機，往往是爲了吸引他人。而唱歌、跳舞等娛樂，容易迷惑身心，與清淨解脫是不相應的。不論是自己演出，或欣賞他人表演，都會影響修道，都是放縱欲望的媒介。

至於不坐臥高廣大床，是避免產生放逸，以及欲念。不坐臥高廣大床並不表示不能在床上睡覺，而是避免對所睡的床產生貪戀、放逸、欲念，如果對所睡的彈簧床確實難以避免貪愛，可能要改睡其他地方，如榻榻米或木板床等。

「不非時食」是指中午過後即不再進食。此條爲持齋。如果超過中午進食，便是「非時食」。持齋時可以飲用流質的果汁、蜂蜜水、紅糖水、薑湯等不需要咀嚼的水。如果生病需要服用藥物，則不在此限。

戒除淫欲與節制飲食

淫欲與食欲是關閉生死門的關鍵，所以八關戒齋重在戒除淫欲與節制飲食。

由於在家持守八關戒齋確實困難，所以最好能住在寺院內受戒，因寺院環境容易持戒，可避免受到影響。若回到家中持戒，就要靠自己的心力。

八關戒齋也是佛陀爲無法出家的在家居士所施設的戒法，透過此八項關閉生死之門的戒法，讓居士有一確信可行的解脫生死道路。

Question

38

如何持菩薩戒？

要成佛，必須先行菩薩道；行菩薩道，必定會成佛，欲行菩薩道，則必須受菩薩戒。

在家菩薩戒的持守內容，爲發願自今身至佛身，盡未來際皈依佛、法、僧、戒的「四不壞信」；受持止一切惡、行一切善、利益一切眾生的「三聚淨戒」，以及「十無盡戒」。

菩薩戒有犯不失

由於菩薩戒的每一戒都是「無盡戒」；持一戒，即在一切眾生分上得到持戒功德，眾生之數無量，持戒的功德也就無盡了。此外，菩薩戒不是一種只此一期生命的「盡形壽」受持，而是「盡未來際」的無量未來世受持，所以命終時仍不捨戒。因此其功能可達未來際，一受永受。

由於菩薩戒的功能可達到未來無量世，所以僅受過一次後，便戒體不失，只有在兩種情形下才會失戒：一是犯了重戒，二是故意捨去大菩提心。

不只諸惡莫作，更要眾善奉行

聲聞戒的持戒範圍是「諸惡莫作」，菩薩戒則要加上「眾善奉行」。在聲聞戒裡，不努力止惡便是犯戒；而在菩薩戒裡，不積極行善也是犯戒。不行善則無法廣度眾生，違背菩薩利益眾生的精神，所以是犯戒。

面對千變萬化的世界，只要心念三聚淨戒：「持一切淨戒，無一淨戒不持。修一切善法，無一善法不修。度一切眾生，無一眾生不度。」就能透過持戒的心力，讓自己可以成爲守護別人的菩薩。生活裡遇到的所有事，都是發願要做的好事；遇到的所有人，都是發願要度的衆生。

（李宛蓁　攝）

Question

39 不小心犯戒怎麼辦？

受戒而不犯戒，是不太可能的事，如果不小心犯了戒，可用懺悔的方法來改正懺過。懺悔是佛教戒律範圍的必修課目，佛教所說的懺悔，是指能發現錯誤、承認錯誤，懺悔的用意是讓自己不再犯錯，並提醒自己「諸惡莫作，衆善奉行，自淨其意」。

懺悔不是後悔

懺悔不等於後悔、自我反省，因爲懺悔要坦誠面對自己內心的不安，找出不安的原因與解決的方法，而不只是悔過而已。由於是徹底解決自己犯錯與感到慚愧的原因，所以懺悔之後，就能坦然自在地安心放下，不再牽掛懊惱。

佛教將懺悔分爲兩大類：

1. 事懺：犯戒罪用事懺，如當下對人道歉懺悔，或參加拜懺法會。

2. 理懺：從內心眞誠懺悔，知道罪性本空，由心所造，但是願意坦然接受自己所犯的過錯，並承擔果報。雖然業力仍在，但是心內的罪惡感已消除，轉爲勇敢承擔的責任心，所以心能得到安樂，不再煩惱痛苦。

懺悔的方法

懺悔的具體方法，基本上有四種：

1. 當下懺悔：於事發當下起懺悔心，如有傷害對象，當場向當事人致歉。

2. 事後懺悔：於事後發現起懺悔心，如有傷害對象，聯絡當事人致歉。

3. 參加拜懺法會：拜懺非請佛菩薩代爲承擔過錯，而是透過懺法與大眾共修的力量，自己承擔起所做的錯事，並發願不再犯。常見的拜懺法會包括：大悲懺、地藏懺、梁皇寶懺、慈悲三昧水懺等法會。

4.做定課誦戒：透過早、晚課誦戒，可時時提醒自己免於犯錯，如有過錯，眞心懺悔。寺院的共修活動如禪七、佛七，都會重授三皈五戒，便是提醒人勿忘以戒護心。

《菩薩瓔珞本業經》說：「有而犯者，勝無不犯；有犯名菩薩，無犯名外道。」持戒而犯錯勝過無戒可犯，因爲表示有戒可守護自己的行爲，讓自己不偏離菩薩道。戒律是保護我們的防護網，持戒能讓我們的身心避免受傷，而懺悔則能讓我們的心恢復清淨。

（鄧博仁　攝）

Question

40 什麼是菩薩戒誦戒會？

誦戒的目的，是爲幫助已受菩薩戒的戒子，能隨時憶念受持的佛戒，並且在誦戒時檢視自己有無犯戒，若有犯戒，便能即刻懺除，護持清淨的戒體。

誦戒的由來

在佛陀時代，每半個月會集合全體僧眾，透過教誡砥礪與教說戒條，確保僧眾的清淨。佛陀即將入滅時，指導弟子此後應當以戒爲師。可是此時佛陀的大弟子摩訶迦葉尊者，卻聽到有比丘說出「此後就不需要受制於佛陀，應當高興」的言論，因而感到憂心。

因此，後來就演變爲每半個月由上座長老主持集會，先進行僧團事務的處理與議決，然後誦戒，確認僧眾是否有人犯戒，讓犯戒的僧眾能及時懺罪，維持僧團的清淨。

共同誦戒的好處

菩薩戒誦戒會就是讓受菩薩戒的在家戒子們，也能在每半個月齊聚一堂，共同誦念所受戒律，提醒自己莫忘受戒時的初心，並反省日常生活的身心行爲。

其實，誦戒並不限每半個月一次，而是可以日日誦戒，甚至時時誦戒。不過最好至少每半個月一誦，讓自己能夠持續精進地持戒。而未受菩薩戒的人，也可以參加誦戒會，透過誦戒來了解佛戒，放下心中對戒法的疑惑不安，成就早日受戒的因緣。

4

守護清淨心

Question

41

爲免一天到晚犯戒，最好不要受戒？

有的人因爲害怕犯戒，所以不敢受戒。例如五戒是佛教徒最基本的戒，有的人擔心萬一破戒會下地獄，認爲只要不受戒，便無戒可犯，不會受地獄苦報。其實，持戒與修福是密切相關的。

持戒修福即修行

佛教認爲五戒爲五種大布施，持戒本身即是修行。透過持戒修福的人，才能夠眞正信受奉行佛教教理，離苦得樂；同時也在保護他人。不只現世安穩，來世免受地獄苦報，並能累積學佛的福德。

持戒有兩層意思：消極的持戒，是不做害人害己的事；積極的持戒，則是做該做、能做、可以學習去做的事。可以幫助他人的事，卻不願做，即是犯戒。

不能只做持戒的好人

學佛者如果只是不做壞事，也不過是做個持戒的「好人」，天天用功禪修、念佛，卻不積極行善，如何做好事呢？修行不能只管自己專心修行，卻不關心別人，不幫助社會，這樣的持戒態度，雖然也是持戒，卻只是消極的持戒，而持戒的意義，應當在於積極地行菩薩道。因此，不應只擔心自己會不會犯戒，要發心爲成就眾生，願意受戒、學戒、持戒，讓戒法的力量帶給社會清新的活力。

（王傳宏　攝）

Question 42

佛世時所制的戒，現代人還受用嗎？

佛陀即將涅槃時，告誡弟子應當「以戒為師」。可是佛陀入滅後，後世弟子卻因各地語言及風俗的不同，對戒律的看法有了分歧。因此，對於這個問題，我們其實可以這樣來思考：佛世所制的戒，現代人可以用什麼樣的態度來得到受用？

不變的是佛法

佛教流傳至今日，已經是世界性的宗教。在悠久的歷史中，佛教依時代順應各地不同的語言、風俗、文化，發展出多樣的風貌。各地佛教徒所遵行的律制，當然也有差異。佛制的戒律，本就是因事制宜、因時制宜、因地制宜，不會死守不變。如果我們能夠理解制戒的背景，以及每個戒的核心精神，無論佛教的風貌如何改變，不管各地文化差異、時空變化，唯一不變的，是佛陀所發現的眞理，以及佛陀的慈悲本懷。這樣一來，以現下的時空環境來思考如何持戒，便能心領神會，自然能依教奉行。

心與戒相應

佛陀制定戒律，是爲了保護佛弟子們的身心，獲得安全與清淨，所以我們除了知道持戒的重要，更應當理解戒律所代表的意義，這樣才能順應當下的時空環境來眞正地持戒，而非流於表面形式。戒律並不是束縛，眞正的持戒，應當做到心與戒相應，佛法就會自然展現在言語及行爲當中。

（釋常護　攝）

Question

43

犯戒會被護法神懲罰嗎？

一旦受戒，就能立即得到護法善神的守護，但是有人反而會擔心，受了戒後如果犯戒，原本護持自己的護法善神會不會因此生氣，而施以處罰？其實，這是多慮的想法。

守戒必先守心

佛教的戒法是心戒，守戒必先守心，而心是無法用任何外在力量來約束的，因此個人的願心才是守戒的根本。

受戒之後，就有多方善緣，自然助你持戒，縱然犯戒，也不必害怕「知法犯法，罪加一等」，凡夫菩薩本就是需要在跌跌撞撞的情況裡，慢慢學習成長。凡夫菩薩應以聖人做模範，卻不要將自己當作聖人來要求。

護法善神見到戒子如此精進用功，眞心懺悔，只會受佛法感應而歡喜，並守護奉行的佛弟子，不會以神力懲罰。但是如果未依法而行，犯戒而不知懺悔，或者對佛法失去信心與恭敬心，自然就無法讓護法善神有所感應，雖然不會受到懲罰，卻會失去護法善神的守護。

相信護法龍天

相信有護法善神，可以提起我們的精進道心與信心。雖有護法龍天護航，卻不應時時祈求護法幫忙，應當鍛鍊自己以戒護心，讓心安於法上，只管持戒精進，自然能如聖嚴法師所講的「守心自在」。

（釋常護　攝）

Question

44

持戒會造成生活不方便嗎？

有些人學佛受戒後，身心行為轉變很大，例如，不再飲酒，開始吃素，不再喜歡逛街購物等，彷佛變了一個人，可能會讓親友感到怪怪的，覺得不太適應。而受戒者受戒回家後，自己也可能感覺怪怪的，對於家人、環境感到不適應，覺得充滿不清淨的煩惱。其實，這是一個學習的過程，需要慢慢去體驗與調整。

尊重社會規範生活

受戒後，不能拿著戒律的尺規來衡量別人，更不能要求家中或社會如寺院的環境；而應當生起感恩心，感恩家人讓自己有學佛的機會。在家修行者雖然皈依了三寶，受持五戒，甚至菩薩戒，但仍生活在人間的社會環境中，仍以家為根本，需要尊重家庭倫理與社會規範生活。因此，佛教並不禁止婚姻生活與休閒娛樂，也不反對工作的交際應酬，只是透過戒法提醒修行者，要節制容易帶來煩惱的欲望，生活盡量樸實不奢華，不出入聲色場所，這些出發點都是爲了守護個人身心平安與家庭幸福。

分享自己持戒的好處

透過持戒，可以慢慢體會每一條戒律的意義，以及在自己身心上與生活上所帶來的改變。當我們因學佛、持戒而成爲愈來愈好的人，親友自然會感受到修行的好處，而願意試著親近與理解佛法，甚至也生起一起學習的心。如此一來，持戒不但不會造成生活不便，反而能讓生活更加美好。

（吳瑞恩　攝）

Question

45

我只要幫助他人就好，一定要受菩薩戒嗎？

做好事幫助人，只是修人天福報，死後可生天、享福報，卻不能種下成佛的菩提種子。受菩薩戒的終極目標是成佛，受戒後，才能更清楚及立定學佛的目標。

防護身心不生死輪迴

佛教的內容不出戒、定、慧三學，世間學問是「有漏之學」，而戒、定、慧三學是「無漏之學」。漏是指煩惱，煩惱能讓人無法防護身心，漏失福德而落入生死輪迴。做好事生天後，一旦享盡人天福報，還是會繼續輪迴，只有學習戒、定、慧三無漏學，才能讓人解脫生死煩惱，究竟成佛。

菩薩戒是諸佛本源、菩薩根本

如《梵網經》所說，菩薩戒「是諸佛之本源，菩薩之根本；是大衆諸佛子之根本」。不行菩薩道，雖信佛而永不能成佛；而要行菩薩道，須受菩薩戒，所以菩薩戒是一切諸佛之能成佛的根本原因。不受菩薩戒，即使想行菩薩道也無方法可循。受菩薩戒，能確認菩薩道的方向；而持菩薩戒，則是守護菩薩道的根本。

（李宛蓁　攝）

Question

46

皈依後可以算塔羅牌、紫微斗數嗎？

佛教對於命相、占卜之術，既不否定其存在的歷史事實，但也不肯定其對生命成長的功能。因為它們雖有一定的道理，但非絕對的眞理。可信，但不足以迷信；可不信，不信也無大患。因此，佛陀禁止弟子們從事星相、風水、卜筮等的行為，但也不反對它們的存在。

命可以算嗎？

占卜、命理等，是人類由來已久的經驗傳承，往往為一些徬徨無奈的人們所依賴，若長久依賴，易淪為迷信，不但會帶來麻煩，更會阻礙個人智慧的開發，況且占卜師是否可信也難以判別。

佛教認爲，人的禍福吉凶，是由於過去世的善、惡業，因而感得今生的果報。算命的推論，至多只能掌握過去已發生的事，對於未來則不一定準確。因爲因緣經常在變化之中，如果加上後天的努力或懈怠，就會改變或影響這一生的命運，這是後天的因素加上先天的條件。正因爲個人的毅力和努力，也是一股改變的力量，因此，我們皈依學佛、用心學戒，能以持戒的力量轉變爲善的因緣。

隨順因緣、掌握因緣、創造因緣

更重要的是，既然已經相信佛法，更應以佛法的因果、因緣觀，看清發生在自己身上的各種現象。藉由佛法觀念的改變，面對接受已經發生的事實，並努力於當下所能做到的事。掌握因緣，把握當下，便能不斷種下好的因緣，觀念改變，身口行爲自然轉變、提昇，這也就是在創造美好的將來！

（李宛蓁　攝）

Question

47

從事特種行業與屠宰業者可以受戒嗎？

只要有心學佛，未犯五逆重罪，人人都有機會學佛受戒，成爲三寶弟子。

宜依正命而活

佛教對於職業的看法，強調應選擇正當如法的工作來營生，稱爲「正命」，反之稱爲「邪命」。

雖然，佛教的五戒禁止殺生、偷盜、妄語、邪淫、飲酒。因此違犯五戒殺生的屠宰業，以及含有偷盜、詐騙與色情娛樂等事，皆屬於邪命，從事這些行業不但對己無益，更是損害他人。但如果爲求生計，暫時無法改行，佛教並不要求要先放棄原有的行業再來信佛。然而，一旦信佛之後，如果能夠設法改行轉業的話，不但自己少造惡業，心也會較安定，自然更有助於修行。因爲佛教是自利利他的菩薩道，自然鼓勵大家都能從事於善良、正當的職業，透過職業工作，幫助自己成長，也利益他人，能淨化社會，帶來平安與和諧。

皈依三寶種下善根

不受戒者，雖無破戒之罪，但仍有更根本性質的罪過。萬一由於生活所迫實在無法改行，佛教也不以爲是破戒。因爲，信仰佛教的初步，可以僅是先皈依三寶，不必勉強受戒。但如能受基本的五戒，自然更佳。五戒之中，能受幾戒就受幾戒，如果受了之後，不能持守，也可隨時捨戒。捨了戒之後，可以重新再受。

學佛的益處，在於可依三寶爲人生依歸，以及生命的指路明燈，並種下了將來必可成佛的善根。透過學習佛法，慢慢培養福報，自能有善緣轉化職業，讓全新的人生道路展現於前。

（吳瑞恩　攝）

Question

48

網路皈依有效嗎？

現在由於網路發達便利，因此，爲方便信衆，很多寺院舉辦的法會、念佛、禪修等活動，都可以採用網路報名，若無法親自參加法會，也可以直接上網收看；甚至連三皈依也有網路皈依，但其效果與現場皈依有何不同呢？

網路播放是方便

如是法會、念佛等共修法會，提供網路播放是爲方便忙碌或無法親臨現場的人，甚至因生病，或身在海外、邊地等因素，透過網路直播，只要心誠意專，亦能如親臨會場的莊嚴攝受，只是不及現場有衆人共修的環境氛圍。

親自接受重要的入佛門儀式

但若是皈依三寶儀式，由於是三寶弟子重要的入佛門儀式，需要親自接受法師授戒，才能以心傳心得到戒體，眞正得戒。皈依是皈依佛、法、僧三寶，並非皈依法師個人，因此，只要是正信的道場，可以選擇離家較近的寺院，就近皈依學佛。

Question

49 居士可以研讀出家戒律嗎？

律典中曾經提到，凡是未受出家戒的人，不得聽比丘誦戒，否則便終身不得出家受比丘戒。但是如果僅僅以此來判定居士不可以研讀出家戒律，其實是不足夠的。

居士並非不能讀出家戒律

後世以為既然不能聽比丘誦戒，自然也不能看出家戒律，並且以為佛陀之所以制定這項規矩，是為了維護比丘的尊嚴，尤其是在保護未受出家戒者的信心，避免知道了比丘戒的內容之後，因為無法體察佛陀制戒的用意，就妄加輕視不守戒律的比丘、比丘尼。

（李東陽　攝）

其實，在家居士並非不能讀出家戒律，而是當僧衆誦戒後開始懺罪時，未受出家戒者不應在場，之所以這樣安排，主要是爲了避免未出家者對比丘、比丘尼的輕慢，所以不可參加。

莫為好奇心而讀戒

由此看來，只要是以信心與恭敬心來讀出家戒律，而沒有偷聽比丘的懺罪，應當不構成罪行。佛法重在規範自己的心，如果沒有破壞佛法之心，爲了學術研究，而研讀戒律，自也不致成爲障礙，但如果僅是好奇心驅使，反增煩惱，則不合宜。

Question

50

受戒會讓生活變得不自在嗎？

有人誤解持戒的精神，認為皈依受戒後，從此不能飲酒、休閒娛樂，認為這豈不是在自找罪受？親友聚餐只有自己素食，或持齋日不能用晚餐，豈非造成生活不便？

心無罣礙，自由自在

其實受戒，都是守護我們身、口、意的保護網。受戒後，自己最明顯的改變是，身為佛教徒，會開始注意自己的行為舉止，別人也會提醒：「你是佛教徒，怎麼可以這樣呢？」當動了壞念頭會警醒，做了壞事會反省、改過，從此戒掉惡習。受戒後的生活方向，會有明確的規範可依循，能經常振作意志，做出利人利己的抉擇，與貪、瞋、癡煩惱漸行漸遠。一旦清楚人生路該如何走，心無罣礙，就能自由自在，活得心安理得不徬徨。

尤其，皈依三寶後，經常親近道場，就能得到法師的指導，同參道友的互相提攜，在修學佛法的路上，能依著共學團體向前行。無形之中，還有佛菩薩與護法神的加持、保護，根據《佛說灌頂三歸五戒帶佩護身咒經》，佛陀敕四大天王遣三十六位善神護佑發心皈依者，將三十六位善神之名抄錄下來，隨身攜帶，便可以避免災厄、遠離疾病。受了五戒之後，還有二十五位善神護佑。因此皈依受戒之後，安心平安，吉祥如意。

依著受戒願力向前行

相反地，如果沒有皈依三寶，少了戒法和所依止正信道場教團的指導、保護與策勵，很容易懶散，甚至走上歧路。不但如此，改惡向善的動機也沒這麼強，因為不清楚善惡，自己做錯了可能也不知道，而無從改進。就算知道自己做錯了，但沒有發過持戒的誓願，慚愧與改進的動力難以維持。當遇到困難，常常容易失意、迷惘；遭逢生死關，往往就心慌意亂，茫茫無所依。

皈依受戒後，人生從此可照著「願力」來前進，隨時檢視自己的發心，時時觀照、懺悔、改進，漸漸就能趨向清淨，並能帶給別人安樂，終有一日能與佛一樣圓滿成佛。

（李蓉生　攝）

學佛入門Q&A 11

受戒50問

50 Questions about Receiving Buddhist Precepts

編著	法鼓文化編輯部
攝影	王傳宏、李東陽、李宛蓁、李蓉生、吳瑞恩、郭金典、許朝益、鄧博仁、釋常護
出版	法鼓文化
總監	釋果賢
總編輯	陳重光
編輯	張晴、詹忠謀
美術設計	和悅創意設計有限公司
地址	臺北市北投區公館路186號5樓
電話	(02)2893-4646
傳真	(02)2896-0731
網址	http://www.ddc.com.tw
E-mail	market@ddc.com.tw
讀者服務專線	(02)2896-1600
初版一刷	2017年2月
初版六刷	2024年3月
建議售價	新臺幣180元
郵撥帳號	50013371
戶名	財團法人法鼓山文教基金會—法鼓文化
北美經銷處	紐約東初禪寺 Chan Meditation Center (New York, USA) Tel: (718)592-6593 E-mail: chancenter@gmail.com

法鼓文化

國家圖書館出版品預行編目資料

受戒50問 / 法鼓文化編輯部編著. -- 初版.
-- 臺北市 : 法鼓文化, 2017.02
面； 公分
ISBN 978-957-598-740-4（平裝）

1.佛教修持 2.問題集

225.7022 105023821